Für:

Michael Kernbach

Baujahr 1954

LAPPAN

1954 Baujahr So was baut heut Keiner mehr!

1954, das ist nicht nur ein Geburtsjahr. Es ist das Filetstück unter allen möglichen Geburtsdaten. Der Weltmeisterjahrgang. Beatles, Woodstock, Disco. Wir hatten alles, was sich die Kinder von heute so dringend zurückwünschen. Auch wenn die Welt, wie wir sie vorfanden, in der Form sicher niemand mehr zurückhaben will.

Unsere Wiege stand im Schlafzimmer der Eltern oder in einem mit Geschwistern befüllten Sammelkabuff. Weil es in den neuen Mietshäusern beengt zuging, wohnten wir als Kinder einfach draußen. Und zwar ganzjährig. Ohne Funktionskleidung oder Ortungshilfen wie Smartphones.

Allergien und Nährmittel-Intoleranzen waren zum Glück noch nicht erfunden. So konnten wir unser Wasser aus einer Flasche teilen und gemeinsam an einem Eis schlecken, ohne anschließend in eine Fachklinik zu müssen. Drinnen, bei Mama, gab es mangels Fernsehprogramm nichts Besonderes zu sehen und außer Ohrfeigen auch nicht viel zu holen.

Wir hatten ja nichts. Und wenn doch, bekam's Papa. Ein Lebensstil, der dann im Westen den Langzeitfolgen des Wirtschaftswunders zum Opfer fiel. So viel Überfluss wirkte zersetzend auf die Moral der jungen Leute, also uns. Fanden zumindest Vater, Mutter, Pfarrer und wer damals noch glaubte, uns alles vorschreiben zu müssen.

Aber dieser Sicht der Dinge wussten wir mit Nachdruck zu widersprechen. Und weil wir gerade beim häuslichen Ungehorsam waren, warfen wir gleich alle anderen Spießerregeln der Altvorderen mit über Bord und lebten in WGs die freie Liebe in Minipli und Maxirock. Dass heute jeder jeden heiraten darf und Homosexuelle nicht nur frei rumlaufen, sondern sogar Minister werden können, dafür hat wer den ersten Stein gelegt?

Wir, die Game Changer vom Baujahr 54!

Kinder waren ein Ausdruck des prosperierenden Wohlstands unserer Eltern, ein echtes Statussymbol, das nicht mehr als Nahrungskonkurrenz, sondern als lebender Luxusartikel verstanden wurde. Zumindest sonntags, wenn wir, frisch gewaschen und in kratzige Klamotten gepackt, den Nachbarn vorgeführt wurden. Unter der Woche agierten wir aber als kostenfreier Botendienst und Auffangbecken für Aggressionen. Dem Klaps auf den Po bei der Geburt sollten reichlich Schlagkontakte folgen – natürlich nur zu unserem Besten!

1954 Baujahr Wir vom Jahrgang 1954 – Geschichte wird gemacht!

> Mit der Serienreife des Transistorradios gelang dem amerikanischen Elektronikunternehmen „Texas Instruments" 1954 der Sprung in die Moderne der Unterhaltungstechnik. Als Urahn von Walkman, iPod und Spotify wird dem unscheinbaren Kleinklangkörper leider bis heute nicht der Respekt gezollt, der ihm (rundfunk) gebührt.

Das chinesische Horoskop behauptet zwar, dass wir im Tierkreis des Pferdes geboren sind. Aber das muss man präzisieren. Wir 1954er stehen unter dem Zeichen des W wie Wallach. Beziehungsweise wie Wirtschaftswunder, Wachstum, Wohlstandsbauch und natürlich: WELTMEISTER! Wo so viel Erfolg ist, wollen sich natürlich alle bedienen, und gleich im **Januar** führt die Stadt Duisburg mit den ersten Parkuhren die Unsitte ein, Bürgersteigflächen an unschuldige Autofahrer zwangszuvermieten. Pfui! Im **Februar** versucht eine Außenministerkonferenz der Siegermächte wochenlang, Deutschland am Schreibtisch wiederzuvereinigen. Klappt nicht richtig, weswegen die Sowjetunion die DDR im **März** als souveränen Satellitenstaat akzeptiert. Und weil Staatenspalten gerade hip ist, beginnt im **April** in Genf die Fernost-Konferenz unter anderem zur Koreafrage, an deren Ende Kim Jong Un und K-Pop stehen werden. Im **Mai** verkauft der Briefmarkenfälscher de Sperati seine Druckstöcke für viereckig Geld an die British Philatelic Association und setzt sich zur Ruhe. Der Versuch der Association, den Bimbes mit goldenen Mauritiusmarken aus eigener Produktion wieder reinzuholen, scheitert kläglich. Im **Juni** feiert man in der BRD zum ersten Mal den 17.06. als „Tag der deutschen Einheit". In der DDR hingegen ist man der Meinung, dass man um dieses Datum besser keinen Aufstand machen sollte … Im **Juli** müsste Rahn aus dem Hintergrund schießen … macht er dann auch. Tooor! Tooor!, und West-Deutschland ist Fußball-Weltmeister. Im **August** fahren alle, die schon wieder können, in die Ferien. Mangels Geld und Mauer reisen West und Ost oft noch zusammen in die Alpen oder an die Ostsee. Kaum sind sie wieder heimgekehrt, wartet im **September** mit der „Familie Schölermann" der erste Serien-Blockbuster des Deutschen Fernsehens auf unsere entzückten Eltern. Im **Oktober** holt die SED bei der Volkskammerwahl spektakuläre 99,46 %. Die Aussicht auf einen Wahlsieg dieses Ausmaßes soll später Helmut Kohl bewogen haben, entgegen jeder wirtschaftlichen Vernunft die Einheit voranzutreiben. Politiker eben! Im **November** geht mit der ARD das erste landesweite Gemeinschaftsprogramm auf Sendung und schenkt uns Jim Knopf und Gilligans Insel. Im **Dezember** wird der Modeschöpfer Dior in Hollywood zum schlechtestgekleideten Mann des Jahres gewählt, während zeitgleich in Florida der erste Burger King seine Pforten öffnet. Geschmack ist eben Geschmackssache!

Was aussieht wie das Ausschusslager eines Secondhand-Geschäfts, diente so oder so ähnlich 1954 in der UdSSR als Kontrollraum für das weltweit erste Atomkraftwerk. Dank der sowjetischen Mangelwirtschaft gab es aber in der Anlage nie ausreichend Atome, sodass zumindest in den ersten Jahren keine reale Gefahr von dieser Versuchsanordnung ausging.

1954 hieß der Bundeskanzler Konrad Adenauer, und Diesel war mit 0,38 DM 18 Pfennig billiger als Normalbenzin. Take me back! Wer etwas auf sich hält, besitzt einen Schwarz-Weiß-Fernseher von Nordmende, Grundig oder Braun. Im Radio singt Will Höhne „Nimm mich mit, Kapitän" und Fats Domino vom „Blueberry Hill". Im Kino warten mit „Die Caine war ihr Schicksal" und „Das Fenster zum Hof" zwei echte Klassiker darauf, vom Publikum zu Klassikern gekürt zu werden.

1954 Ein Kilo Kalorien, bitte!

Baujahr

Die Welt, die wir bei unserer Ankunft vorfanden, war von unseren Eltern schon wieder weitgehend aufgeräumt und wiederhergestellt worden. Um genauer zu sein: von unseren Müttern, die nun, nach dem jahrelangen Einsatz in Schuttbergen und auf Kartoffeläckern, nach einer ordentlichen Portion heile Welt lechzten.

Und das Wirtschaftswunder lieferte! Nicht nur uns, den wohlgeratensten und umgänglichsten Geburtsjahrgang seit der Edition Jesus, sondern auch allerlei andere Annehmlichkeiten.

Es gab nicht viel.

Vor allem das Angebot an gesunden, nicht völlig traumatisierten Männern war Anfang der fünfziger Jahre aus Gründen sehr überschaubar. Unsere Mütter sahen sich oft gezwungen, nicht nur mit dem Modell klarzukommen, das gerade verfügbar war, sondern mussten obendrein eine völlige Abhängigkeit davon suggerieren. Eine Camouflage, die den leidgepüften Nachkriegsfrauen alles abverlangte. Aus diesem Grund verzichteten viele Halterinnen eines Ehemanns auf eigene Berufskarrieren und sorgten dafür, dass Vati so lange wie möglich außer Haus gelagert war.

Das „weiße Pulver", auf das unsere alten Herrschaften steil gingen, hieß nicht Kokain, sondern Mehl und war in Kombination mit dem Crystal Meth der 1950er, dem Zucker, und dem Mett aus Kristallschalen ein Suchtmittel, vor dem es kein Entrinnen gab. Der Konsum war legal, die Folgen fatal, zumal sowohl Stretchkleidung als auch Primark noch nicht verfügbar waren und bereits vorhandene Kleidung darum auch von unseren Eltern weitergetragen werden musste.

Besonders der Speiseplan und seine Ingredienzen vermehrten sich nahezu exponentiell, und das Bedürfnis, sich einfach mal was zu gönnen, war im wahrsten Sinne des Wortes „unersättlich".

Mit dem wachsenden Angebot an Speisen und Getränken nahm der Volkskörper darum rasch zu. Und weil es weder Fitness-Formeln noch Lifestyle-Influencer gab, war unsere Väter-Mütter-Generation dem anschwellenden Tsunami aus Zucker, Alkohol, Fleisch und Butter schutzlos ausgeliefert. Ein Rausch aus gesättigten Fettsäuren und Kohlenhydraten, der für manche mit der Modekrankheit „Zucker" endete.

Zu Hause waren die Dinge klar und einfach geregelt. Papa, den manche von uns noch „Vater" oder sogar „Herr Vater" nennen mussten, war ganz klar der Capo der Familie. Das Ende der Nahrungskette. Der Altvorderste. Das Jüngste Gericht. Seine Anwesenheit verwandelte jede Familientafel in einen Gerichtshof, und Strafen wurden auch schon mal gleich vor Ort mit der flachen Hand vollstreckt.

Mit Mama liefen die Dinge schon besser, denn auch wenn ihr schon mal „die Hand ausrutschte“, war sie doch deutlich mehr an unserem Lebensschicksal interessiert als Vater, für den wir meist lediglich eine Störquelle und lebendes Hindernis waren. Besonders wenn es um die Wahl einer Sendung im Radio oder gar im gerade neu erworbenen Fernseher ging, waren wir einfach überflüssig. Vermutlich lag es daran, dass wir zum titanischen Anschaffungspreis eines solchen Gerätes nichts beigetragen hatten, der bei rund 1.000 DM lag.

Die Krone der Schöpfung war in unserer Kindheit das Menschen-Männchen. Nur zu verständlich, dass es sich am liebsten mit seinesgleichen in Büros und Eckkneipen versammelte, um dort Ritualen zu huldigen, deren Tiefe und Schönheit wir bis heute noch nicht ganz verstehen.

Eine echte Herausforderung für den Durchschnittslohn unserer Väter von fast 3.500 DM brutto – pro Jahr! Da konnte auch die eher smarte GEZ-Gebühr von zwei Mark keinen Punkt mehr machen. Kein Wunder also, das man uns Kindern lieber etwas vorlas.

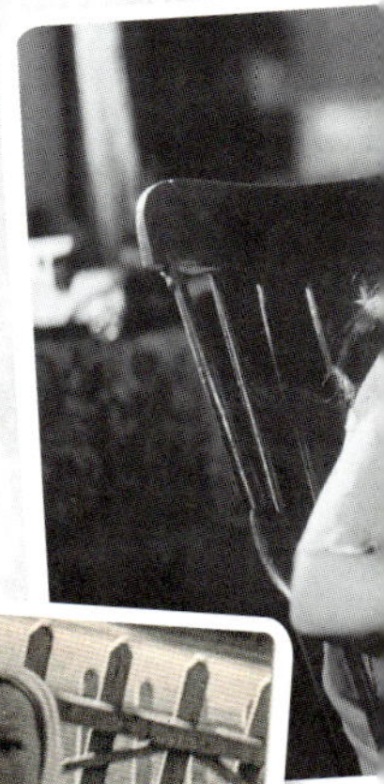

Besonders Märchen erfreuten sich bei unseren Eltern großer Beliebtheit. Dass in diesen Geschichten Minderjährige im Wald ausgesetzt und von einer offenkundig pädophilen Kannibalin verschleppt wurden, sich junge Mädchen nur wegen einer möglichen Beziehungsoption die Füße verstümmelten und das ganze weder sprachlich noch genderpolitisch korrekt erzählt und formuliert war, störte sie offenkundig nicht.

Im Gegenteil, vermutlich setzten sie den Gruselstoff dazu ein, um uns schnellstmöglich wieder loszuwerden. Mit Erfolg, denn wir zogen es tatsächlich vor, morgens aus der Haustür raus- und erst abends wieder reinzukommen. Kein Erwachsener wäre deshalb auf die Idee gekommen, sich Sorgen um uns zu machen.

Die Welt war ja nun ein Platz des himmlischen Friedens, zumindest aus Sicht unserer Eltern, die deutlich rauere Zeiten miterlebt hatten. Wenn uns doch etwas passierte, winkte bei Verletzungen unterhalb eines Krankenhausaufenthalts maximal eine Kur mit heilender Mutterspucke, eine Ekeltortur, die uns beim Spielen schnell sehr umsichtig machte.

Für zerrissene Kleidung war das Strafmaß ungleich härter. Begleitet von Essensentzug vor dem Schlafengehen und der Drohung, dass der liebe Gott auch noch höchstpersönlich reinschauen und uns dann strafen würde, lernten wir schnell und schmerzhaft, gut auf uns und unsere Sachen aufzupassen.

Ein Schlag sagt nun mal mehr als tausend Worte.

Manche Geschichten waren so spannend, dass wir oft nicht merkten, wie die Zeit verging, und einfach selbst weiterlasen, wenn Oma nicht mehr konnte.

„Geh raus spielen" war keine pädagogisch aufgeladene Ermunterung, in der näheren Umgebung soziale Kontakte zu knüpfen. Es war ein Marschbefehl, der auch für die Kinder galt, die noch gar nicht marschieren konnten. So wuchsen wir in Regen, Schnee, Dreck und brütender Hitze auf und haben alle überlebt. Kein Wunder, das viele von uns multiresistent gegen Keime sind und rauchen und trinken müssen, um ihre Gesundheit zu gefährden.

Außer Rand und Band im Sandkastenland!

Spielsachen gehörten zum ersten echten **Luxus** in den Nachkriegshaushalten. Und für Kinder etwas anzuschaffen, das eine Funktion **jenseits von satt, warm und sauber** erfüllte, war eine Geste, die unseren Eltern alles abverlangte. Wenn sich doch einmal ein solcher Gegenstand in unser Zuhause verirrte, war er meist nur dazu geeignet, weiteren **Ärger heraufzubeschwören.** Etwa, indem man ihn unsachgemäß behandelte und unerhörte Dinge damit tat, wie zum Beispiel damit spielen. Preziosen aus **Spielzeugfabriken** wie „Märklin" oder „Steiff" waren nicht zur Erheiterung des Kindes gedacht, sondern **echte Statussymbole,** die ähnlich der **„Guten Stube"** lediglich dokumentieren sollten, was man sich alles erlauben könnte, wenn man es sich erlauben würde.

Puppen und Stofftiere, die Vorgänger von Barbie und Monchichi, beherrschten das Geschehen in den Spielecken und Puppenstuben der Mädels, und auch die Role Models für Jungen hatten eher einen historischen als einen intergalaktischen Hintergrund, was man gut an Karneval sehen konnte, wo es weit mehr Cowboys und Indianer auf der Straße zu sehen gab als He-Mans oder Robocops.

Spielzeug war Teil der Erbmasse und schaffte oft 5–6 Generationen. Es gab weder Updates noch Special Editions oder neue Modelle.

Nur mit unseren Händen und den kargen Mitteln, die uns die Natur (und manchmal unsere Oma) zur Verfügung stellte, schufen wir Kunstwerke von atemberaubender Schönheit. Leider war den meisten dieser Arbeiten nur eine sehr kurze Lebensdauer vergönnt. Praktisch alle Sammlungen fielen spätestens dem samstäglichen Bildersturm unserer Mütter im Kinderzimmer zum Opfer.

Für uns Kinder war das zu hoch. **Wir waren ja ohnehin nur draußen.** Das war nicht nur viel geselliger wegen der vielen anderen Kinder, sondern obendrein viel sicherer, weil uns **die Straße ganz alleine gehörte.** Autos bekamen wir fast so selten zu Gesicht wie freilaufende Wölfe oder Schweinebraten. Der Verkehr war so licht, dass man zwischen zwei Fahrzeugen locker einen kompletten **Hickelkasten** auf die Fahrbahn malen konnte, ohne einen Stau oder ein Hupkonzert auszulösen. Für uns als Kinder war der Asphalt vor allem eins: ein **gut geglätteter Untergrund für alle fahrbaren Untersätze,** derer wir habhaft werden konnten.

1954–1964

Das waren Zeiten!

1954

Wir kommen zur Welt und zack: Deutschland ist **Fußball-Weltmeister!** Mehr Highlights braucht kein Jahr, weshalb 1954 zum Ausgleich mit dem 11.April den statistisch **„langweiligsten Tag des 20.Jahrhunderts"** aufzuweisen hat. Schon vorher ist alles Durchschnitt: Im Januar tritt die italienische Regierung zurück – nach fünf Monaten Amtszeit. Gähn!

1955

Mit der Eröffnung des ersten **„Wienerwald"-Restaurants** beginnt in der BRD die Erfolgsgeschichte von Adipositas, Typ-2-Diabetes und anderen Volkskrankheiten durch den Genuss von **Fastfood.** Bei so viel **Amerikanisierung** bleibt der BRD eigentlich keine Wahl: Sie tritt der **NATO** bei und wird Waffenschwester der Amerikaner. Die DDR bekommt mit der Mitgliedschaft im gerade neu geschaffenen **„Warschauer Pakt"** schon wieder nur die Russen. Das Schicksal ist ein Drecksack!

Deutschland feiert die **Vollbeschäftigung,** und **Borussia Dortmund** wird deutscher Fußballmeister. Fürst Rainier heiratet meilenweit unter Stand die Schauspielerin **Grace Kelly** und **Blendi,** die erste Zahnpasta nur für Kinder, kommt auf den Markt. Die eigentlich ebenfalls für 1956 geplante Wiederkehr des Herrn wurde darum wegen Übererfüllung der Wunderquote auf unbestimmte Zeit verschoben. Jetzt würde es aber gerade wieder gut passen, Jesus!

Ob da in Argentinien die alkoholfreien und vegetarischen Sektkorken knallten? Jedenfalls wird der Führer 1956 für tot erklärt und die ohnehin sehr lasche Suche nach ihm endgültig eingestellt.

Der Trabant (hier das Modell „Verkehrsberuhigung", ohne Räder) war als sozialistische Wegfahrsperre konzipiert und vereinte mangelnde Reichweite mit brutalem Sitzkomfort. Der Wagen war obendrein so langsam, dass es ab Bestellung bis zu 20 Jahre dauerte, bis er den Weg aus dem Werk zum Kunden geschafft hatte.

1957

Das Wettrennen in den **Weltraum** beginnt. Der DDR schwant nichts Gutes, sie stellt deshalb die **Republikflucht** nun sicherheitshalber unter Strafe. Als weitere Sicherung baut man dort auch **den ersten Trabant,** ein Fahrzeug, mit dem eine solche Flucht kaum zu bewältigen ist. Die **50 km/h,** die nun innerhalb von Ortschaften als **Höchstgeschwindigkeit** zugelassen sind, sind für dieses Wunderwerk sozialistischer Ingenieurskunst allerdings kein Problem.

1958

Endlich: Die Zeiten, in denen kein Schwein **„La Paloma"** pfeift, sind endgültig vorbei. Der Song steigt frisch komponiert und eingespielt in Radios und wird zum Ohrwurm des Jahres, der sich sicher auch bei **Elvis** festsetzt, der gerade auf Wehrdienstbesuch in Deutschland ist. Alles andere wäre ein Wunder gewesen, noch größer als das blau-weiße der **Schalker** beim Gewinn ihrer **ersten deutschen Fußballmeisterschaft** nach dem Krieg – und ihrer bislang letzten … Wäre also mal Zeit für ein neues La Paloma!

1959

wird **Fidel Castro** kubanischer Präsident und die **SPD** verabschiedet ihr Godesberger Programm. Beides Nachrichten, die **Karl-Heinz Köpcke** als erster sichtbarer Anchorman der deutschen Nachrichten stoisch verlesen kann. Mattel stellt in Amerika eine Puppe vor, die **„Barbie"** heißt. Nach ganz anderem Spielzeug gelüstet es einen jungen Afroamerikaner: **Jimi Hendrix** kauft in New York seine erste E-Gitarre.

1960 Die UdSSR gewinnt die **erste Fußball-Europameisterschaft** gegen Jugoslawien – ein Endspiel, das es in dieser Form wohl nie wieder geben wird. **Kennedy** wird US-Präsident, und weil stark die Macht ist in ihm, entwickelt Theodore Maiman den **ersten Laser.** Auch wenn es für Kennedy zu spät kam – Millionen Star-Wars-Fans werden ihm trotzdem auf ewig dafür dankbar sein!

1961 kommt **die Pille** auch in Deutschland auf den Markt. Ein ebenso verzweifelter wie aussichtsloser Versuch, die abzusehende Katastrophe für die Rentenkassen zu stoppen, ist da wohl die **Einführung des Kindergeldes** im selben Jahr. **Gagarin** ist der erste Mensch im All und sieht von dort aus den **Beginn des Mauerbaus.** Kein schöner Anblick. Ebenso wenig wie das erste deutsche **AKW** in Kahl, das nun Strom für die deutschen Steckdosen liefert. **Strahlenangst,** das war noch was für Weicheier.

1962 Weil das Schicksal irgendwas in Bezug auf die **dringend benötigte Abrüstung** falsch verstanden haben muss, legt es statt der zahllosen nuklearen Sprengköpfe ausgerechnet die schärfste Sex-Bombe des Planeten, **Marilyn Monroe,** für immer still. Ob dieser Fehlgriff die nun eintretende **Kubakrise** erst möglich gemacht hat – wir wissen es nicht. Weil aber an alldem nur der **Kommunismus** Schuld haben kann, exkommuniziert der Papst sicherheitshalber **Fidel Castro.**

Verhütung war 1961 ein Riesenthema, und es wurde wirklich alles Menschenmögliche unternommen, um noch mehr Einwohner in Westdeutschland zu verhindern.

Asterix erblickt das Licht der Welt und wird bald den Gallischen Krieg gegen Julius Caesar gewinnen, nämlich als Lektüre im Lateinunterricht. Viele unseres Jahrgangs werden aus schierer Dankbarkeit frankophil und kaufen selbst den größten Schrott wie französische Autos oder machen in Paris Urlaub, um sich unfreundlich behandeln zu lassen.

1963

Während **Dr. Martin Luther King** in Amerika noch träumt, werden für Deutschlands Männer die wildesten Fieberfantasien wahr: Die **Fußball-Bundesliga** startet in die erste Saison und verändert für immer den Samstagnachmittag, wie wir ihn aus 5.000 Jahren Kulturgeschichte kannten. Das **ZDF** und mit ihm die **Mainzelmännchen** gehen ebenfalls auf Sendung. Leider nicht nur mit schönen Nachrichten, denn **Kennedy** wird ermordet und **Nelson Mandela** verhaftet.

1964

Während **Kardinal Frings** in Köln den Beton-Katholiken gibt und dort unter anderem vor religiösen Mischehen warnt, ist man im Rest der Welt schon auf einem besseren Weg. **Sidney Portier** bekommt als erster Schwarzer einen Oscar und **Martin Luther King** den **Friedensnobelpreis.** Die Weltwirtschaft wächst um nie wieder erreichte 7,3 %. Kleiner Wachstumsdämpfer: In Deutschland wird Fußgängern das **Vorrecht am Zebrastreifen** zugebilligt. Von nun an geht es bergab mit dem Autoland.

Etwas hat überlebt: Briefmarken aus Ländern des sogenannten Ostblocks würden heute auf einem Kuvert so befremdlich wirken wie Postwertzeichen aus Mordor, Sin City oder vom Mars. Ähnlich „hygge" soll es dort auch gewesen sein.

Baujahr 1954 Die reine Leere

Das Gerücht vom düsteren „Ernst des Lebens“ machte schon länger die Runde und entriss uns jeden Sommer immer wieder geliebte Spielkameraden, bis wir eines Tages selber dran waren und eingeschult wurden. Von nun an war jeder Tag wie ein Sonntagvormittag für uns, denn ab jetzt hieß es jeden Morgen frisch gewaschen stillzusitzen und langweiligen Erwachsenen zuzuhören. Schlimmer noch, es wurde nicht wie zu Hause erwartet, dass wir lediglich die Klappe hielten, wenn die Großen redeten, nein, der Lehrer war der Meinung, dass wir uns seine öden Monologe auch noch merken sollten.

Das Vertrauen in unsere geistigen Fähigkeiten war dabei offenbar insgesamt eher gering, weswegen man uns die ersten beiden Schuljahre das Rechnen und Schreiben lediglich mit Kreide auf Schiefertafeln üben ließ. Dies möglicherweise, um an unsere schriftlichen Missetaten kein wertvolles Papier zu verschwenden. Oder aber, sehr viel wahrscheinlicher, um einen weiteren Grund für ein paar Backpfeifen zu haben, wenn wir wieder einmal aus Versehen mit dem Ärmel die Tafel abgewischt hatten.

Unsere Pädagogen taten sich mitunter immer noch schwer, lieb gewonnene Rituale wie das Aufstellen in Reih und Glied hinter sich zu lassen. Wer hier nicht spurte, wurde der Klasse verwiesen. Manchen widerfuhr das so oft, dass es sich als praktischer erwies, sie erst gar nicht mehr hineinzulassen.

Es war aber nicht alles schlecht.

Neben der hohen Kunst des Lesens und „Mit-der-Hand"-Schreibens lernten wir heute weitgehend vergessene Kulturtechniken wie das Kopfrechnen und das „Auswendiglernen" kennen, Fähigkeiten, wegen derer wir im Alltag heute noch den Smartphone-Junkies der Generationen von X bis Z überlegen sind.

Außerdem trainierten wir unter schärfster Bewachung durch unsere natürlichen Feinde, die „Pauker", Sozialstrategien, die wir später im Leben noch etliche Male gut gebrauchen konnten. Etwa, wie man in einem Meeting im tranceähnlichen Zustand trotzdem noch Interesse heuchelt oder im richtigen Moment einfach mal zur Toilette geht. Insgesamt setzte sich aber wohl die Einsicht durch, dass Schulzeit verschwendete Zeit ist und man uns besser schneller in den weiter boomenden Wirtschaftswunderkreislauf integrieren sollte, wofür wir dann in vielen Bundesländern gleich zwei Kurzschuljahre geschenkt bekamen. So konnten wir kompakter und schneller vergessen, was ohnehin nur die Klassenlehrer interessierte.

Wann immer wir konnten, bereisten wir dank unserer neuen Superkraft „Lesen" die große weite Welt. Ganz ohne VR-Brille oder negativen ökologischen Fußabdruck. Eine Reise nach Amerika hatte ohnehin einen Machbarkeitsstatus wie ein Trip zum Mond. So kauften wir unsere Tickets in der Buchhandlung und erfuhren aus unseren literarischen Reiseführern von Völkern und Kulturen, die uns sonst verborgen geblieben wären. Auch wenn das mittlerweile nicht mehr jeder gut findet, wir sagen noch heute: Wir sind Winnetou!

1954 Baujahr Wir sehen Schwarz. Und Weiß.

Das Jahr 1954 brachte nicht nur den Auftritt einer weiterentwickelten menschlichen Spezies, nämlich des *Homo 1954*, es revolutionierte auch den Alltag in den Wohnstuben Deutschlands. Das „Wunder von Bern“ war auch das Wunder von Grundig, Braun, Blaupunkt und Co, deren TV-Geräte nun immer mehr Familien als „Must-have“ aus den Elektrofachgeschäften in ihre Behausungen schleppten. Trotzdem war „Fernsehen“ als Tätigkeit in den ersten Jahren unseres Lebens eine eher exotische Freizeitbeschäftigung.1959 gab es gerade mal 3 Millionen Anschlüsse in Deutschland.

Master and Servant. Die Freude über das neue Familienmitglied war oft nur von kurzer Dauer, denn der Kasten degradierte uns oft genug zur lebenden Fernbedienung oder zu Antennenwartungspersonal. Nicht nur einmal hieß es dann, eine Stunde am Apparat zu stehen und das Bild stabil zu halten, bis Papa seine Sendung zu Ende geschaut hatte.

Die Grundversorgung mit Programm, das weitgehend aus schwarz-weißem Bildrauschen während der Nachmittags- und Abendstunden bestand, übernahm anfangs ausschließlich die ARD; erst seit 1963 gab es überhaupt ein zweites Programm. Uns Kindern kam das gar nicht schlimm vor. Mit unserer Pubertät wurde Fernsehen dann immer selbstverständlicher. Und besser.

Vor allem die großen Spielshows wie „Der goldene Schuß“ oder „Spiel ohne Grenzen“ hatten es uns schwer angetan. Länger als bis 23 Uhr schafften wir es allerdings nie fernzusehen. Es gab nämlich glücklicherweise einen Sendeschluss.

1960 gab es gleich zweimal die Woche eine **Kinderstunde** und wir „warteten aufs Christkind" nun auch vor und mit dem Fernseher. Das Abendland wankte, ging aber trotzdem noch nicht unter.

1961 erreichte mit **Hucky und seine Freunde** der Teufel „Zeichentrick" unsere Wohnzimmer.

1962 erlebten wir mit **Jim Knopf und die Wilde 13** die tollsten Abenteuer, die es mit Puppen je gab.

1963 lernten wir mit dem ZDF nicht nur die hohe Kunst des Umschaltens, sondern mit den **Mainzelmännchen** auch Trickfiguren kennen, die uns während der Werbeblöcke an der Glotze hielten, wodurch wir „ Klementine" von Ariel und „Tilly" aus der Palmolive-Werbung für immer ins Herz und Portemonnaie schließen sollten.

1964 waren wir beim **Goldenen Schuß** Zeuge des ersten Fernsehlagerfeuers und schauten gebannt mit der ganzen Familie die Mutter aller großen Samstagabend-Shows.

1965 kam dann, passend zu den ersten Vorboten der Pubertät, mit dem **Beat-Club** die erste richtige Musiksendung in die Wohnzimmer. Sehr zum Unmut unserer Eltern, die sich dadurch automatisch selbst zu unseren „Alten" degradierten und unsere Missachtung gründlich verdienten.

1966 betraten wir den Weltraum und schauten mit der **Raumpatrouille Orion** in die Zukunft der Technik und des Gesellschaftstanzes.

Der eigentliche Fernseher unserer ersten Lebensjahre hieß „Radio" und kam ganz ohne Bilder aus. Später gesellte sich dann der Bruder mit der Mattscheibe dazu. Bei dessen Nutzung war jedoch am Anfang viel Geduld gefragt, um eine der eher seltenen Sendungen zu erhaschen.

1954 Baujahr Wilde Jahre, lange Haare

Wer denkt, dass wir heute schnelllebige Zeiten haben, sollte sich mal in die Haut unserer Eltern hineinversetzen. Eben noch irgendwie dem Irrsinn des Krieges entronnen und mit viel Mühe und Disziplin in eine neue Ordnung zurückkämpft, gerieten sie via Radio in das Trommelfeuer der „British Invasion“, deren Schlachtruf „Yeah! Yeah! Yeah!“ auf die Moral der Jugend einen zersetzenden Einfluss hatte.

Durch unsere nun strikten Weigerungen, zum Friseur zu gehen, Blusen wie unsere Mütter zu tragen oder uns sonst irgendwie weiterhin knechten zu lassen, mussten sich Vati und Mutti von ihrer gefühlten Allmacht verabschieden und nun ihre reale Ohnmacht kennenlernen. Weil jede denkbare Bestrafung längst Teil unseres bisherigen Alltags war, konnten uns Ohrfeigen, Taschengeldentzug oder Stubenarrest letztlich nicht wirklich beeindrucken.

Den Auftakt für den „Summer Of Love" lieferten uns 1967 die Beatles; sie veränderten mit „Sgt. Peppers Lonely Hearts Club Band" die Popmusik. Die war nun nicht mehr nur Rebellion und gute Laune, sondern auch Weltanschauung und Kunst. Es war der Soundtrack einer Gegengesellschaft, bei der wir gerne dabei gewesen wären, wenn wir nicht immer schon um 22.00 h hätten zu Hause sein müssen. An einem Tag nach New York und zurück war nicht zu schaffen. Schade!

Uns interessierte nur noch eine Frage: „Ist Hendrix Gott?“ Und außerdem, woher wir am schnellsten die neuesten Schallplatten bekommen konnten. Wir nutzten jede Gelegenheit, miteinander auf Partys zu den elektrisierenden Klängen unserer neuen Idole zu tanzen und beim Klammerblues erste Körperkontakte auszutauschen.

Der Beat hatte uns völlig verrückt gemacht, und als der „Summer of Love“ in Woodstock seinen Höhepunkt fand, eskalierte der wilde Wunsch einer ganzen Generation nach Freiheit und der Überdruss an der Heuchelei und am Regel- und Strafenwald, in dem wir groß geworden waren. Beim Besuch des Schahs kam es 1967 zur ersten Straßenschlacht zwischen den Generationen. Wir sahen genau zu. Es sollte nicht die letzte gewesen sein.

Was unsere Eltern, Lehrer und die Pfarrer dazu sagten, es interessierte uns nicht mehr.

1954 Baujahr Apollo, Rex und Roxy. Ganz großes Kino

Noch leuchten sie vereinzelt in unseren Innenstädten.

Unsere Kinos waren Fackeln der Unterhaltung und der logische nächste Schritt für Pärchen, die langsam über das Händchenhalten hinauskommen wollten. Wir waren bei vielen Filmen deswegen so abgelenkt, dass wir sie viele Jahre später noch mal auf VHS anschauen mussten und so eine ganze Zeit lang Videotheken zu wahren Goldgruben machten.

Mochten wir beim Kampf um die Länge unserer Haare und der Röcke durchaus Erfolge erzielen – die Möglichkeiten, sich zwischengeschlechtlich näherzukommen, waren immer noch sehr limitiert. Für die Mädels war der häusliche Druck um einige Bar höher als für Jungs, denn die Sorge, dass die Tochter als „gefallenes Mädchen“ enden könnte, kam als familiärer GAU gleich nach der Ankunft der apokalyptischen Reiter und noch vor dem Fegefeuer.

Gott sei Dank gab es ja die Kinos, diese wunderbaren Lichtspieltheater, in denen wir als Kinder schon „101 Dalmatiner“ lieben lernen oder bei der „Meuterei auf der Bounty“ dabei sein durften.

Das Kino war, neben dem cineastischen Angebot, auch eine intime Rückzugsstätte. Wenn es also mit unserem Schwarm gut lief und auch die Prüfung der Briefmarken- und Plattensammlung erfolgreich durchlaufen war, nahmen wir das Herz in beide Hände und gingen miteinander ins Kino.

Jeder wusste, was das bedeutete. Und zwar mit Zunge! Besonders beliebt waren bei uns die Wochenkinos, in denen die Filme einfach durchliefen. Hier fanden wir nicht nur die nötige Zeit, uns anzunähern, sondern sahen dabei auch noch einige der besten Streifen aller Zeiten.

Praktisch alle unsere Kinohelden waren irgendwie zum Schießen. Zum Schießen geboren oder einfach schießend komisch.

Wir waren dabei ...

... als mit Steve McQueen in CINCINNATI KID das ultimative Pokerface die Leinwand betrat. Wir beweinten miteinander bitterlich den Tod von Nscho-tschi in WINNETOU III.

Beim TANZ DER VAMPIRE waren wir dann nicht so sicher, ob die richtige und angemessene Reaktion lachen oder doch lieber aus Furcht schreien wäre, bis dann mit der REIFEPRÜFUNG endlich ein Film in die Kinos kam, der nicht vom Fummeln ablenkte, sondern es irgendwie sogar thematisierte.

Wir fragten uns beim PLANET DER AFFEN, welche Spezies am Ende die intelligentere gewesen sein mag, und haben da bis heute unsere Zweifel, die wir dann dem EASY RIDER mit auf den Weg durch die Staaten gaben.

Ob Bruce Lee jemals gegen Plattfuß gewonnen hätte? Leider kam es nie zu diesem Leinwandvergleich. Auch die Antwort auf die Frage, ob Louis de Funès als Fahrer von Herbie dem Käfer noch mal so lustig gewesen wäre, müssen wir unserer Fantasie überlassen. Egal, auch alleine machten alle vier eine Superfigur auf der Leinwand!

Das Lastenfahrrad unserer Generation war ein Chopper, mit dem man zwar keine Lasten transportieren, aber dafür direkt in die Freiheit durchstarten konnte, Weil sich leider kaum jemand ein solches Traumgefährt leisten konnte, schmachteten insbesondere die Jungs das Stahlross ihrer Träume im Kino an, wo es optisch sehr viel mehr hergab, als es ein Lastenfahrrad jemals leisten könnte.

1954 Baujahr High! Höhere Schule, höhere Schuhe, höhere Wesen

Während unsere Eltern vor lauter Kopfschütteln über unser merkwürdiges Verhalten ein Schleudertrauma bekamen, hatten wir jede Menge eigene Sorgen. Jeanshosen mit Schlag zu bekommen war ein solches Problem. Ebenso wie Pullis aus Polyester, die zwar schon nach einer Stunde zum Himmel stanken, aber einfach hammermäßig schick waren.

Außerdem kämpften wir nicht nur bei den Haaren um jeden Zentimeter, sondern auch bei den Absätzen und den Hemdkragen. Und kamen tatsächlich in kleinen Schritten vorwärts. Besonders die Länge der Haare war für die Jungs eine Investition in die Zukunft, in der sie als Rockstars reich und berühmt werden wollten.

Die Mädels, denen niemand die langen Sachen verbieten wollte, kürzten dafür ihre Hosen bis zur Höhe des Schambeins und wurden so in ihren Hot Pants Ursache für öffentliches Ärgernis und eine Reihe von Auffahrunfällen.

Neben allen Umwälzungen und Veränderungen, vom ersten SPD-Kanzler Willy Brandt bis zur Oberstufenreform in den Schulen, gab es, Gott sei Dank, auch für uns natürlich auch weiterhin ein normales Teenagerleben. Die Mädels schwärmten für unerreichbare Stars und dann, notgedrungen, für den Buben ein bis zwei Klassen höher, der diesem Ideal leidlich am nächsten kam.

Weil auch wir Jungs und Mädchen nicht mehr an der Länge ihrer Haare unterscheiden konnten, behalfen wir uns mit Geschlechtssignalen in der Kleidung. Naiv, wie wir waren, glaubten wir noch an das Konzept „männlich" und „weiblich". Nur die Schuhe waren Unisex, um, gemäß der langsam um sich greifenden Idee der Emanzipation, Gespräche auf Augenhöhe zu ermöglichen.

Die Jungs wiederum spielten Fußball. Uwe Seeler, Franz Beckenbauer und Gerd Müller, der in der Saison 1969/1970 in der Bundesliga unglaubliche 38 Tore geschossen hatte und das 1971/72 sogar noch toppte (40 Tore), hießen die Helden, denen die Herren der 1954er-Schöpfung nacheiferten. Einer von uns war die Torwartlegende Toni Schumacher. Dass man allerdings mit Fuppes einmal reicher werden könnte als Frank Zappa, das hätten wir damals nicht für möglich gehalten.

Gemeinsame Pflichtveranstaltung und rituelle Aufnahmeprüfung in die Welt der Großen war für Jungs und Mädchen der Tanzkurs, den wir zwar schon gehörig angestaubt fanden, der uns aber insgeheim sehr viel Freude bereitete und uns ein mächtiges Gefühl von Erwachsensein vermittelte.

Baujahr 1954 Roy Black Sabbath

Kaum dass uns die Pickel wie die Pilze aus den Backen schossen, befiel uns auch noch der heimtückische Rock-Virus. Jimi Hendrix, Deep Purple und Led Zeppelin entfalteten in unseren Körpern ihr ganzes zerstörerisches Potenzial. Die Krankheit entstellte uns mit langen Haaren bis über die Ohren und deformierte unseren guten Geschmack mit engen Jeans und viel zu kurzen Röcken.

Kein Wunder, dass Eltern und Pfarrer tief besorgt zu Rohrstock und Gürtel griffen, um das Böse aus uns herauszuexorzieren. Dabei hätte ein Blick auf das Propaganda-Blatt des Sittenverfalls, die BRAVO, gereicht, um zu erkennen, dass wir in unseren Herzen auch nur romantische Backfische und Jungen waren, die sich nach der ersten Liebe sehnten. Denn auf den Titelbildern des Zentralmagazins für unseren Geschmack waren der Rebellion völlig unverdächtige Idole wie Michael Holm, Uschi Glas oder Roy Black genauso vertreten wie die bösen Buben der englischen Rockgruppen.

Der Sympathisant des Teufels himself, Mick Jagger, schaffte es 1970 nur zweimal auf Seite eins, machte aber unsere Teenie-Bibel dadurch zu einem Druckwerk des Bösen. Bei aller Verehrung für die wilden Hardrocker wie Black Sabbath oder Jethro Tull und alle ihre Wegbegleiter liebten wir aber auch unsere deutschen Schlagerlieder. So sehr, dass selbst ABBA später einige ihrer Hits für uns auf Deutsch sangen, was sie, aus heutiger Sicht, vielleicht besser nicht getan hätten. **Aber auch Götter können irren.**

Unser Smartphone hieß Transistor und unser Spotify Radio Luxemburg. Von dort aus drückten uns gewissenlose Musikdealer aka DJs ohne jede Skrupel täglich neue Dosen Rockmusik in unsere Gehörgänge und erzeugten so eine Abhängigkeit, die wir bis heute nicht besiegen konnten.

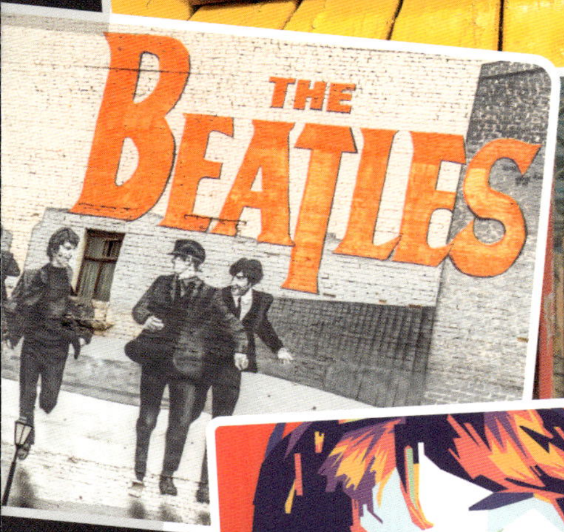

Jukebox: Wenn das Kleingeld in den Kasten klimperte, klimperte der Kasten die besten Songs aller Zeiten!

Wir waren schon mal viel weiter als heute! Für das Sharing von Musik-Files nutzen wir zum Bespiel nur ein einziges Gadget, das wir uns haptisch weiterreichten und das man sogar ohne App nutzen konnte: die legendäre Langspielplatte. Lediglich der Rohstoff Vinyl für die Tonträgerspeicherung verhindert, dass wir heute noch den alternativen Nobelpreis für Ökologie und Nachhaltigkeit einfordern können.

Die größten #1-Hits aller Zeiten – und wir waren live dabei!

20. Massachusetts	Bee Gees
19. Jumpin' Jack Flash	The Rolling Stones
18. Der letzte Walzer	Peter Alexander
17. Mama	Heintje
16. Eloise	Barry Ryan
15. Get Back	The Beatles
14. Sugar, Sugar	The Archies
13. The Israelites	Desmond Dekker
12. Du	Peter Maffay
11. Whole Lotta Love	Led Zeppelin
10. In The Summertime	Mungo Jerry
9. Paranoid	Black Sabbath
8. Hey Tonight	CCR
7. Butterfly	Daniel Gerrad
6. Hot Love	T.Rex
5. Chirpy Chirpy Cheep Cheep	Middle Of The Road
4. Little Willy	The Sweet
3. Komm, gib mir deine Hand	Tony Marschall
2. Beautiful Sunday	Daniel Boone
1. Ich wünsch mir eine kleine Miezekatze	Wum

1965-1974

Das waren Zeiten!

1965

Die Bundeswehr hat genug von den vielen Nieten und ersetzt das Losverfahren für **Wehrpflichtige** durch die Musterung. Die so Gemusterten müssen glücklicherweise nicht in den **Vietnamkrieg** wie ihre amerikanischen Altersgenossen. Schwein gehabt! Die **Beatles** bekommen den Orden of the British Empire. Ringo soll vorher auf der Toilette des **Buckingham-Palastes** schnell noch einen Joint geraucht haben. Ob Prinz Charles auch mit dabei war, ist nicht bekannt.

1966

John Lennon erklärt die Beatles für „populärer als Jesus", was sicher genauso wenig in Ordnung geht wie das **Wembley-Tor,** mit dem sich die Engländer ihren **einzigen WM-Titel** erschleichen. Diese Briten! Um unseren Inselnachbarn nun wöchentlich zu zeigen, dass wir das mit den regulären Treffern einfach besser beherrschen, erfindet das ZDF das **Torwandschießen.** Das **„Fräulein vom Amt"** geht in Rente, und **Willy Brandt** wird Vizekanzler – bekommt aber noch nicht den **Friedensnobelpreis,** der wohl deshalb 1966 einfach gar nicht erst verliehen wird.

Mitte der 60er-Jahre ahnten unsere Eltern noch nicht, wie wenig ihr Sonntagskleider-Drill bei uns bewirken würde. Ein Blick in die Zukunft hätte sie sicher verzweifeln lassen. Wohl der Grund dafür, dass Zeitreisen immer noch nicht erfunden worden sind.

Sie nahmen, was sie kriegen konnten: Selbst auf Briefmarken machten die Beatles für ihre Platte Werbung und ließen sich das von den Postkunden auch noch gut bezahlen. Wenig hippie-like...

1967

Summer of Love? Von wegen! Auf den Straßen Berlins wird gegen den Schah und den Vietnam-Krieg demonstriert, und Langhans und Konsorten gründen die **Kommune I.** Und was bedeutet das, wenn alles motzt und keiner was schafft? Klar, **Wirtschaftskrise.** Selber schuld, wenn man „Mr. Wirtschaftswunder" himself, Ludwig Erhard, als Kanzler ablöst. Allein die **Beatles** stemmen sich gegen den Trend und verkaufen en masse Kopien ihrer **„Sgt. Pepper's"-Platte.**

1968

Weil die Bürger sich in unruhigen Zeiten nach etwas mehr Verlässlichkeit in den Nachrichten sehnen, bringt die **ARD** die erste Wetterkarte in der **Tagesschau.** Davor sieht man wenig Erbauliches: **Martin Luther King** und **Robert Kennedy** werden ermordet, **Rudi Dutschke** wird niedergeschossen und die **UdSSR** beendet mit Panzern den Prager Frühling. Stand so auch alles in der **BILD,** die sich aber nicht deswegen über mächtige Unruhen vor dem Verlagshaus in Berlin freuen darf. Wenigstens heiratet **Jackie Kennedy** den Reeder Onassis und bring so einen Rest Glamour in die wilde Nachrichtenlage.

1969

Woodstock, die **Mondlandung,** der erste SPD-Kanzler, die Manson-Morde, die Concorde durchbricht die Schallmauer… ja, ja, ja, alles ganze spannende Ereignisse. Aber nichts davon wird unseren Alltag so stark bestimmen wie die Ohrwürmer aus der **ZDF-Hitparade,** die nun zum ersten Mal über uns hereinbricht. **Roy Black** wird dort aus dem Stand Abo-Sieger und zeigt, wo die Reise beim Zweiten Deutschen Fernsehen hingehen wird – ist er doch die singende Vorahnung von Serien wie **„Die Schwarzwaldklinik"** und **„Das Traumschiff".**

Ihro Majestät, der letzte deutsche Kaiser, Franz der Libero. Er gewann als lebende Lichtgestalt gleich zwei Fußball-World-Championships, sowohl als Spieler als auch als Trainer. Ohne gültigen Trainerschein. In Deutschland. Das kann nur ein Kaiser tun. Leider fiel zum Ende seiner Herrschaft sein Hang zu Handgeld auf, weswegen Moneten-Franzl auf unbestimmte Zeit in eine schnöde Villa in Kitzbühel verbannt wurde. Hart, aber gerecht!

1970

Ein wichtiges Jahr für alle Deutschen: Der **erste Tatort** mit dem prophetischen Titel **„Taxi nach Leipzig“** läuft im Fernsehen. Der „Kniefall von Warschau“ wird Brandts Ticket für den **Friedensnobelpreis,** und mit der „Big Raushole“ von **Andreas Baader** gelingt der **RAF** gleich zu Beginn die Erfüllung ihrer späteren Hauptforderung: die **Befreiung der Gefangenen.** Hätten sie mal damals besser gleich aufgehört!

1971

Das **„deutsche Fräuleinwunder“** geht zu Ende. Ab jetzt muss auch die unverheiratete Frau als … „Frau“ … bezeichnet werden. Nicht nur, weil wir in unserer **pubertären Trotzphase** stecken, ist das **Wort des Jahres** „aufmüpfig“. Leider kann diese Nachricht noch nicht per **E-Mail** verbreitet werden, weil diese gerade erst von **Ray Tomlinson** erfunden wird.

1972

… nehmen Dinge ihren Anfang, mit denen wir uns bis heute rumzuschlagen haben: **Kim Il Sung** wird **Staatspräsident** von **Nordkorea,** „auf ewig“ – und wütet wohl deshalb in seinem Enkel weiter fort. Gruselig. Der **Front National** wird gegründet und **Beckenbauer/Hoeneß** legen mit dem **Gewinn der EM** den Grundstein ihrer Hegemonialmacht im deutschen Fußball.

1973

Nach den vielen fetten Jahren setzt die **OPEC** unsere Eltern auf eine drastische **Öl-Diät,** wegen der im November jeder zweimal zu Fuß gehen muss. Ein kollektives Trauma, das der **FDP** bis heute zum Überleben verhilft. Wenigstens für unser **späteres Vergnügen** wird derweil gesorgt: **Kiss** und **AC/DC** gründen sich. Damit die Zukunft aber nicht ZU cool aussieht, läuft sich zeitgleich **Helmut „Birne“ Kohl** für die 80er-Jahre warm und wird schon mal **CDU-Vorsitzender.**

Wie sehr unsere Eltern auch fluchten und schimpften – Dr. Scheich wurde nicht weich: Der Ölhahn blieb wochenlang zu. Gerade und ungerade Zahlen auf dem Autokennzeichen machten stolze Sonntagsfahrer zu schnöden Sonntags-Spaziergängern.

ie Mutter aller Verschwörungstheo-ien: Einige Schlauberger glauben, ie Landung von Menschen auf dem Mond it Technologie, wie sie heute in eder durchschnittlichen Waschma-chine verbaut ist, sei ein Fake ewesen. Was auch immer stimmen mag – eine Late-Night-Quote wie bei der usstrahlung dieses Events sollten ie Öffentlich-Rechtlichen nie ieder erreichen. Mondzahlen eben!

1974

Die **DDR** bekommt ein eigenes **KFZ-Nationalitätszeichen,** vermutlich, um sich vom **Fußball-Weltmeister** aus dem Westteil besser unterscheidbar zu machen. **ABBA** gewinnen den **Grand Prix** und **Muhammed Ali** den „Rumble in the Jungle“. Die Eröffnung des **ersten Ikea-Marktes** in Deutschland macht das Jahr zu einer richtig runden Sache.

Die Wahrscheinlichkeit, 1974 einen Trabi mit DDR-Kennzeichen mal eben bei einem IKEA vorfahren zu sehen, war so gering, dass dagegen Lottospielen als sichere Einkommens-quelle gelten konnte. Sicher ein Grund, warum das dann so viele machten.

Baujahr 1954 Trau Keinem über 30!

Mit jedem Jahr, das wir älter wurden, waren wir mit den herrschenden Verhältnissen unzufriedener. Immer nur Verbote, Ohrfeigen und Hausarrest als Antwort auf jede kleine Veränderung waren auf Dauer eher suboptimal und irgendwie auch nicht mehr zeitgemäß. Zumal sich im weit entfernten Kalifornien die Menschen die Häupter mit Blumen schmückten und die universale Liebe predigten.

Wie eine Horde Jesusse, nur noch haariger. Unsere Eltern wollten davon nichts hören. Die Bergpredigt gehörte dem Herrn Pfarrer und nicht irgendwelchen Hippies aus dem Amiland, die sich Haschisch in die Venen spritzten. Wir suchten uns Wege, unseren Unwillen kundzutun und die Welt nach unseren Vorstellungen zu verändern. Wir demonstrierten gegen Krieg, Muff und die Obrigkeit, warfen auch mal ein paar Steine und bekamen dafür furchtbare Dresche von der Polizei.

Unsere Kleider waren bunt und weit, unsere Musik wild und voll neuer Klänge, unsere Küchentische der Platz für nächtelange Debatten und Streit um den Weg ins Shangri-La. Unsere Mädchen durften auf einmal alles, was bisher nur Männer durften. Die wiederum betäubten den Verlust ihrer Vorrechte mit Lambrusco und schufen die Grundlage für die blühende Rotwein-Industrie, wie wir sie heute kennen und schätzen.

Hippie oder Hipster – das hatten wir damals beides drauf. Ganz ohne Soja-Latte, Bart-Barbier oder Absinth-Bar. Wir waren einfach so.

Leider glaubten ein paar Knalltüten, dass man eine gerechtere Gesellschaft mit Pistolen erschaffen könne, und machten die Anarchie dann doch nicht machbar für den Nachbar. Das war dann für die meisten von uns der Startschuss in eine doch eher bürgerlichere Existenz, die zwar bunter war als die unserer Erzeuger, am Ende aber von denselben Sorgen geleitet wurde: Miete, Auto und „Was sollen denn die Nachbarn sagen?".

Wir bekamen einen ganzen Haufen Kinder, merkten, dass Ehen nicht zwangsläufig ein Leben lang halten müssen, und schufen damit neben der Patchwork-Jeans auch die ersten Patchwork-Familien.

Vieles, was heute selbstverständlich ist, haben wir als Erste ausprobiert – wir vom Baujahr 1954!

Warum so viel guter Geschmack und so viel eleganter Style einfach völlig verschwinden konnten und durch den minderwertigen Mist von heute ersetzt wurden, darauf finden sich selbst in Einsteins Relativitätstheorie keine schlüssigen Antworten.

PROMINENT & Baujahrgleich

Bohly-wood, und
Frauenpower ohne Ende.
Kein Jahrgang hat solch
eine Range wie das
Baujahr 1954!

Baujahr 1954 Das Beste kommt zum Schluss!

Das Leben ist eine Reise, und wir haben schon eine ganze Menge gesehen. Wir wissen aus eigener Erfahrung: Früher war auch nicht alles schlecht – und schon gar nicht alles besser. Auch wenn wir uns wünschen würden, dass unsere Kinder und Enkel weniger auf ihre Smartphones schauen und sich mehr für die reale Welt interessieren.

Denn wenn das so weitergeht, werden hier bald die Roboter übernehmen, und dann ist es für Protest vielleicht zu spät. Mit unseren Vergleichsmöglichkeiten sind wir letztlich froh, dass wir in einer Zeit Kinder waren, in der wir das Wasser aus Wasserhähnen und nicht aus Flaschen tranken.

Wir verließen morgens das Haus zum Spielen. Wir blieben den ganzen Tag weg und mussten erst zu Hause sein, wenn die Straßenlaternen angingen.

Sie waren gekommen, um zu bleiben. Warum sind die blöden Kisten nicht einfach im Raumschiff Enterprise geblieben?

Niemand wusste, wo wir waren, und wir hatten nicht einmal ein Handy dabei! Wir aßen Kekse, Brot – mit etwas Glück mit Butter –, tranken viel und wurden trotzdem nicht dick.

Wir hatten keine Follower oder WhatsApp-Gruppen. Wir hatten Freunde! Wir gingen einfach raus und trafen sie auf der Straße. Oder wir marschierten zu deren Heim und klingelten. Keiner brachte uns oder holte uns ab. Wie war das nur möglich? Wir dachten uns Spiele aus.

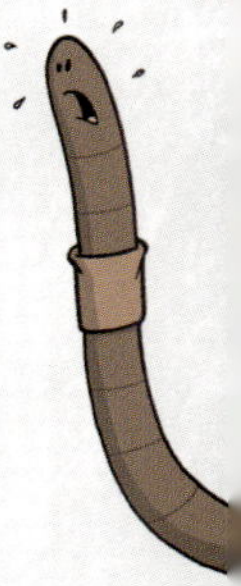

Wir aßen Würmer. Und die Prophezeiung trat nicht ein: Die Würmer lebten in unseren Mägen nicht für immer weiter. Wenn einer von uns gegen das Gesetz verstoßen hatte, war klar, dass seine Eltern ihn nicht aus dem Schlamassel raushauen würden. Im Gegenteil:

Sie waren derselben Meinung wie die Polizei!

Unsere Generation hat eine Menge innovativer Problemlöser und Erfinder mit Risikobereitschaft hervorgebracht. Wir hatten Freiheit, Misserfolg, Erfolg und Verantwortung. Wir waren Helden – so was baut heute keiner mehr!

Diese Zeiten sind leider unwiederbringlich vorbei. Aber wir werden alles tun, dass auch unser Nachwuchs dasselbe von seinen schönsten Lebensjahren sagt!*

(*Auch wenn es unter ihnen reichlich verzogene Wellpappen gibt, die man am liebsten ... Aber das macht man heute ja nicht mehr.)

1. Auflage 2023
– Originalausgabe –

ISBN 978-3-8303-4546-6

Idee und Text: Michael Kernbach
Umschlag- und Innenillustrationen: Miguel Fernandez
Lektorat: Oliver Domzalski
Redaktion: Ariane Ossowski
Herstellung und Gestaltung:
Sarah Landwehr und Monika Swirski